MYTHOS

pininfarina.

New Great Cars

MYTHOS

pininfarina

Omaggio a una grande automobile
Homage to a great automobile
Hommage à une grande automobile

AUTOMOBILIA

Editor/Publisher/Editeur: Bruno Alfieri
Redazione/Editor/Rédacteur:
Alessandra Finzi
Fotografie/Photographs/Photographies:
Archivio Pininfarina, Giorgio Bellia,
Antonia Mulas
Graphic design: Bruno Alfieri
Layout: Michele Ribatti
Produzione/Product manager/Production:
Massimo Fabbri
Traduzioni/Translations/Traductions:
Warren McManus, Michel Maillard

CL 41-0169-3 ISBN 88-85880-19-3
© Copyright 1989 by Automobilia,
Società per la Storia e l'Immagine dell'Automobile
Milano, viale Monte Santo 4
Printed and bound in Italy
Stampato dalle Grafiche F. Ghezzi
Corsico (Mi) nel novembre 1989
Fotocomposizione: Bassoli Prestampa, Milano
Fotolito: 3C (Mi)

MYTHOS

Index

Premessa

La Pininfarina ha debuttato al Tokyo Motor Show 1989 con la Mythos, un prototipo su meccanica Ferrari 12 cilindri, un tema di ricerca che si ricollega a una tradizione di proposte fortemente innovative quali la 250 P5 (1968), la 512 S (1969), e la Modulo (1970).

Dopo un periodo di prototipi dal forte contenuto "realistico", orientati anche all'esplorazione di nuovi materiali e nuove tecniche costruttive, la Pininfarina ha voluto riaffrontare una ricerca di base più formale, quasi un ritorno al "dream car" puro.

La Mythos non è tuttavia — né voleva essere — una semplice scultura: questo prototipo di speedster a motore centrale posteriore affronta infatti il tema del rapporto dei volumi in modo provocatorio, per certi versi estremo. Una ricerca di base per affrontare temi formali nuovi, un'esperienza stimolante da trasferire — filtrata e rivista in chiave di produzione — nei progetti delle vetture di domani.

Foreword

Pininfarina debuted at the Tokyo Motor Show 1989 with the Mythos, a prototype based on the 12-cylinder boxer Ferrari mechanicals, a research theme which marks a return to its tradition of strongly innovative proposals reflected in the 250 P5 in 1968, the 512 S in 1969 and the Modulo in 1970.

After a period in which its prototypes have been particularly "realistic", concentrating also on experiments with new materials and new manufacturing technologies, Pininfarina has chosen to return to a more basic, formal research, almost a harking back to the pure "dream car".

However the Mythos is not, and was not intended to be, a piece of sculpture pure and simple. This prototype is a speedster with mid-rear engine, which tackles the relationship between volumes from a provocative, in some ways extreme, point of view. It is a basic exercise in research that addresses new formal themes, a stimulating experience which can be transferred, duly corrected and adapted to fill the needs of production, to the projects of tomorrow's cars.

Avant-propos

Pininfarina a débuté au Tokyo Motor Show 1989 en présentant la Mythos, un prototype sur mécanique Ferrari 12 cylindres, un thème de recherche qui se rattache à une tradition très riche de propositions d'innovation telles la 250 P5 (1968), la 512 S (1969) et la Modulo (1970).

Après une période de prototypes d'une forte empreinte "réaliste", orientés aussi vers l'exploration de nouveaux matériaux et de nouvelles techniques de construction, Pininfarina a voulu affronter à nouveau la recherche de base la plus essentielle, un retour presque au "dream car" pur.

Toutefois, la Mythos n'est pas — ni ne veut être — une simple sculpture: ce prototype de speedster à moteur central arrière affronte, en effet, le thème du rapport des volumes de manière provocante, sous certains aspects même extrêmes. Une recherche de base pour se mesurer avec des thèmes formels nouveaux, une expérience stimulante à transposer — filtrée et revue en termes de production — sur les projets des voitures de demain.

Nota

Sono sempre stato affascinato dalla grande stagione dei prototipi degli anni Sessanta che in questi decenni non hanno perso, anzi hanno visto crescere, il loro valore estetico e innovativo. Questo è un omaggio, in chiave di evoluzione, non di semplice riproposta, a quei fermenti, è una vettura che vuole toccare corde emotive, non solo razionali, che vuole essere giudicata per come appare, in cui contenuti tecnici, sempre presenti, sono sottintesi.

La meccanica della Ferrari Testarossa è un punto di partenza ideale per una ricerca formale di questo tipo: le prestazioni eccezionali, l'architettura a motore centrale con radiatori in fiancata, il carisma del cavallino rampante, sono uno spunto ed uno stimolo a osare.

La Mythos è il risultato di un modellato scultoreo, a tutto tondo, nel quale le masse distinte e contrapposte del muso e del posteriore si fondono in modo continuo e fluido.

Nello sviluppo del progetto non si sono sacrificati i contenuti tecnici e funzionali alla ricerca di una forte presenza formale: due appendici aerodinamiche mobili, un labbro anteriore e un'ala posteriore, si portano in posizione di lavoro al raggiungimento di una velocità prefissata. La carrozzeria è costruita in materiale composito ed è completamente asportabile, secondo la tecnica costruttiva delle vetture da competizione.

La vettura in movimento, sulla strada, è una dimostrazione di equilibrio fra emozione estetica e razionalità tecnica, pienamente coerente con la filosofia della Pininfarina nel perseguire la ricerca del bello.

A note

I have always been fascinated by the boom of prototypes of the 60s, which the intervening decades have not robbed of their esthetic and innovative value.

This car is a homage to that ferment, in an evolutionary key, not simply a revival of it. It is a car that seeks to strike emotional as well as rational chords, that wishes to be judged for how it looks, in which the ever-present technical contents are deemphasized.

The mechanics of the Ferrari Testarossa were an ideal point of departure for a formal study of this type: its exceptional performance, its mid-engine architecture with lateral radiators and the charisma of the prancing horse were a stimulus and a call to be daring.

The Mythos is the result of totally-rounded sculptural modeling, in which the distinct, counterposed volumes of the nose and rear section merge smoothly and fluidly.

During project development, the technical and functional contents were not sacrificed in the quest for a strong formal presence: two mobile aerodynamic appendages, a front lip and a rear wing, reach their working position when a preset speed is reached.

The bodywork is built of composite material and is completely removeable, in the manner of competition cars.

In motion on the road, the car is a demonstration of equilibrium between esthetic emotion and technical rationality, fully consistent with the Pininfarina philosophy in the search for beauty.

Note

J'ai toujours été fasciné par la grande époque des prototypes des années Soixante, qui ont vu ces dernières décennies leur valeur esthétique et novatrice croître.

Cette voiture est un tribut à ces ferments, mais sous forme d'évolution; elle touche des cordes émotives bien plus que rationnelles et doit être jugée telle qu'elle apparaît. Les contenus techniques y sont sous-entendus mais toujours présents.

Le mécanique de la Ferrari Testarossa est un point de départ idéal pour une recherche formelle de ce type. Les performances exceptionnelles, l'architecture à moteur central à radiateurs sur le côté, le charisme du petit cheval cabré sont une instigation et un encouragement à oser.

La Mythos est le résultat d'un modelé sculptural, en ronde bosse, où les masses distinctes et opposées du museau et de l'arrière se fondent en une continuité fluide.

Le développement du projet n'a nullement sacrifié le technique et le fonctionnel à la recherche d'une présence formelle forte. Deux appendices aérodynamiques mobiles, une lèvre avant et une aile arrière vont en position de travail à une vitesse établie. La carrosserie est en matériau composite, entièrement amovible conformément à la technique de construction des voitures de course.

En marche, sur route, la voiture est une parfaite démonstration d'équilibre entre émotion esthétique et rationalité technique, en pleine harmonie avec la philosophie suivie par Pininfarina dans sa recherche du beau.

La cultura figurativa della Mythos

Automobile bellissima e straordinaria pur nella sua complessità formale, oggetto unico piovuto dal cielo sul foglio da disegno dei designers della Pininfarina, meteora nel firmamento in cinemascope delle più esclusive carrozzerie? Oppure guado obbligato ed esaltante di un iter morfologico che risale alla prima Ferrari di Pininfarina, la 212 Inter del 1952 e addirittura a tutta l'avventura artistica della Casa di Grugliasco?

Pinin era un uomo che amava le belle forme. L'armonia, l'equilibrio e la sobrietà dell'essenziale lo portavano a seguire con interesse diretto le avventure estetiche degli artisti. Ricordo che si abbonò ad una mia rivista d'arte d'avanguardia ("Metro") che già presentava nel 1960 le prime opere, assai ostiche, degli americani Pop. Forse non le apprezzava, ma certamente lo incuriosivano. Il suo primo lavoro creativo nel 1911, un radiatore per la Fiat, contrastava con la concezione di allora, che lo vedeva come un oggetto massiccio e ingombrante a forma di tempio greco, o di facciata di mausoleo. Pinin seppe disegnarne uno che coglieva i tratti essenziali e funzionali, rendendolo armonico. E piacque a Giovanni Agnelli. Si dice che, di un prototipo ancora sommario e un poco informe di berlinetta Cisitalia, che gli fu presentato nel 1947 da Piero Dusio, seppe immediatamente cogliere i difetti formali. Fece ridisegnare la linea del padiglione; migliorare il frontale, ripulire la fiancata, e così divenne la Cisitalia che oggi possiamo ammirare al MOMA di New York o al Centro Studi e Ricerche Pininfarina di Cambiano. Quando gli chiesero di migliorare la forma dell'ormai vecchia Volkswagen Maggiolino, la esaminò e rispose: "Va bene così com'è". Non era certo un capolavoro (lui l'avrebbe

The figurative culture of the Mythos

Is this a beautiful, extraordinary automobile despite its complexity of form, a unique object descended from the heavens onto the drawingboards of the Pininfarina design office, a meteor in the cinemascopic firmament of the utmost coachmakers? Or a mandatory, exhilarating step along the morphological path proceeding from that first Pininfarina Ferrari, the 212 Inter of 1952, or even the whole artistic saga of the Grugliasco firm?

Pinin was a man who loved beautiful forms. The harmony, balance and sobriety of the essential inspired to take a direct interest in the esthetic efforts of artists. I remember that he subscribed to one of my avant-garde art magazines ("Metro"), that in 1960 was presenting the early, rather harsh works of American pop art. Perhaps he did not appreciate them, but they certainly aroused his curiosity. His first creative work in 1911, a radiator grille for Fiat, clashed with the contemporary conception, which saw them as a massive, bulky objects shaped like a Greek temple or the façade of a mausoleum. Pinin succeeded in designing one that embodied essential, functional lines that made it harmonious. And Giovanni Agnelli liked it. It is said that in 1947, when Piero Dusio presented him a roughly crafted, somewhat amorphous prototype of a Cisitalia *berlinetta*, he immediately pinpointed its formal defects. He had the roofline redesigned, the front improved and the sides cleaned up, and thus it became the Cisitalia that we can admire today in New York's MOMA or at the Pininfarina Study and Research Center in Cambiano. When they asked him to improve the form of the aging Volkswagen Beetle, he examined it and replied: "It's fine the way it is". It was certainly no mas-

La culture figurative de la Mythos

Automobile superbe et extraordinaire jusque dans sa complexité formelle, objet unique tombé des nues sur la feuille à dessin des designers de chez Pininfarina, météore du firmament en cinémascope des carrosseries les plus exclusives? Ou bien passage obligé et exaltant d'un cheminement morphologique qui remonte à la première Ferrari de Pininfarina, la 212 Inter de 1952 et carrément à toute l'aventure artistique de la Maison de Grugliasco?

Pinin était un homme qui aimait les belles formes. L'harmonie, l'équilibre et la sobriété de l'essentiel le conduisait à suivre directement avec intérêt les aventures esthétiques des artistes. Je me souviens qu'il s'abonna à une de mes revues d'art d'avant-garde ("Metro") qui présentait déjà en 1960 les premières œuvres, assez difficiles, des américains Pop. Peut-être ne les appréciait-il pas, mais sa curiosité en était certainement excitée. Son premier travail créatif de 1911, un radiateur pour Fiat, contrastait avec la conception d'alors, qui le voyait comme un objet massif et encombrant en forme de temple grec, ou de façade de mausolée. Pinin sut en dessiner un qui en fixait les traits essentiels et fonctionnels, en le rendant harmonique. Il plut à Giovanni Agnelli. On dit que, d'un prototype encore sommaire et un peu informe de berlinetta Cisitalia, qui lui fut présenté en 1947 par Piero Dusio, il sut immédiatement en saisir les défauts formels. Il fit redessiner la ligne du pavillon; améliorer l'avant, nettoyer le flanc; elle devint ainsi la Cisitalia que nous pouvons admirer aujourd'hui au MOMA de New York ou au Centre d'Etudes et de Recherches Pininfarina de Cambiano. Quand ils lui demandèrent d'améliorer la forme de la Volkswagen Coccinelle, qui entrait alors disegnata meglio) ma era perfetta nelle sue proporzioni.

Oggi si usa adoperare un termine, *understatement*, per indicare l'eleganza della sobrietà, in opposizione all'esibizionismo delle forme, dei modi e dei gesti troppo appariscenti. Ebbene, tutta la sessantennale opera della Pininfarina seguì questa regola non scritta, e ciò la distinse dall'opera di altri pur ottimi carrozzieri come Bertone o Ghia, ma seguì anche altre regole. La prima era di non usare stilemi alla moda (se non in quanto adesione meditata ai simboli storici della società del tempo), o grafie troppo personalizzate. La seconda fu di non disprezzare e anzi di adoperare, però, quando era necessaria, la forza dei volumi espressivi; semmai di contenerla nei limiti dell'armonia.

In questo senso lo storico incontro di Pinin Farina con Enzo Ferrari nella trattoria di Tortona del 1951 segnò anche, nell'animo di Pinin, il consolidamento dell'intuizione delle capacità comunicative delle forme plastiche per esaltare una particolare concezione dell'automobile, quella aggressiva, senza soste, ridondante, amante della bella meccanica, che era ben radicata nella personalità di Ferrari. Si trattava di fondere l'eleganza della sobrietà con l'eleganza dell'aggressività. Niente stravaganze, niente ridondanze o barocchismi, ma forme essenziali, tese, capaci di comunicare allo spettatore il messaggio della forza dei propulsori a dodici cilindri e lo spirito del costruttore e di chi guidava quei grossi bolidi.

Per molti anni, sino all'avvento dell'aerodinamica scientifica e del tunnel del vento, il gioco compositivo di corpi vettura, calandre, fiancate, cofani, padiglioni, fu pane quotidiano alla Pininfarina. L'aerodinamica complicò enormemente tutto perché dettava forme drastiche e talvolta sgraziate o squilibrate. Pinin e poi Sergio seppero armonizzare le componenti, per una ragione molto semplice: perché alla Pininfarina c'era una cultura figurativa solida, sicura, capace di dare gli indirizzi giusti.

Mi sembra inutile citare gli studiosi dell'arte che hanno investigato i fenomeni della percezione e della creazione artistica, da Rudolf Arnheim a Ernst Gombrich. Come capì Arnheim, esiste una psicologia dell'arte, ma l'hanno capita e l'adottano, da sempre, gli artisti veri. Se pensiamo alla *Donna che nuota sott'acqua* di Arturo Martini (1941) senza voler magari scomodare Arp

terpiece (he would have designed it better), but it was perfectly proportioned.

Today we use the term *understatement* to indicate the elegance of sobriety, the opposite of exhibitionism of gaudy forms, manners and gestures. Well, throughout its 60-year-long history, Pininfarina has followed this unwritten rule, and this has distinguished its work from that of other excellent coachmakers such as Bertone or Ghia. But it has also followed other rules. The first was not to use faddish styling features (unless they carefully adhered to the historical symbols of contemporary society) or overly personalized graphics. The second rule was not to disdain the force of expressive volumes: on the contrary, to utilize it when necessary but keep it within the limits of harmony.

In this sense, the historical encounter of Pinin Farina with Enzo Ferrari in the *trattoria* at Tortona in 1951 also consolidated, in Pinin's mind, his intuition of the communicational capacity of plastic forms to extol a particular conception of the automobile: that aggressive, rentless, redundant conception, that love of fine mechanics, so deeply rooted in the personality of Ferrari. The problem was to blend the elegance of sobriety with the elegance of aggressiveness. Nothing bizarre, redundant or baroque, only essential, tight forms that could transmit to the spectator the message of power of those 12-cylinder engines and the spirit of the builder and drivers of those racing marvels.

For many years, until the advent of scientific aerodynamics and the wind tunnel, the compositional play of carbody, grilles, bodysides, hoods and greenhouses was Pininfarina's daily bread. Aerodynamics greatly complicated everything, because it imposed drastic, often graceless, ungainly forms. Pinin and later Sergio were able to harmonize the components for a very simple reason: because there was a solid, sound figurative culture at Pininfarina that could point them in the right direction.

It seems useless to cite those art scholars who have investigated the phenomena of perception and artistic creation, from Rudolf Arnheim to Ernst Gombrich. There is a psychology of art, as Arnheim understood, but true artists have always understood and adopted it. If we consider the *Woman Swimming Underwater* by Arturo Martini (1941), without presuming to dis-

dans un âge avancé, il répondit après l'avoir examinée: "Elle est bien comme ça". Certes, ce n'était pas un chef-d'œuvre, (lui, il l'aurait mieux dessinée) mais elle était parfaitement proportionnée.

On a coutume aujourd'hui d'employer un terme, *understatement*, pour indiquer l'élégance de la sobriété, par opposition à l'exhibitionnisme des formes, des modes et des gestes trop voyants. Et bien, toute l'œuvre sexagénaire de Pininfarina suit cette règle non écrite, et cela la distingue de l'œuvre d'autres excellents carrossiers comme Bertone o Ghia. Mais elle suit aussi d'autres règles. La première était de ne pas employer de tournures à la mode (sinon dans la mesure d'une adhésion méditée aux symboles historiques de la société de l'époque), ou de graphies trop personnalisée. La seconde de ne pas mépriser et même d'employer, quand toutefois c'était nécessaire, la force des volumes expressifs, tout au plus pour la contenir dans les limites de l'harmonie.

En ce sens la rencontre historique de Pinin Farina avec Enzo Ferrari dans la *trattoria* de Tortona de 1951 marqua aussi, dans l'esprit de Pinin, la consolidation de l'intuition des capacités de communication des formes plastiques pour exalter une conception particulière de l'automobile, une conception agressive, ininterrompue, redondante, amoureuse de la belle mécanique, qui était bien enracinée dans la personnalité de Ferrari. Il s'agissait de fondre l'élégance de la sobriété avec l'élégance de l'agressivité. Aucune extravagance, aucune redondance ni rien de baroque, mais des formes essentielles, tendues, capables de communiquer au spectateur le message de la force des propulseurs à 12 cylindres et l'esprit du constructeur et de qui conduisait ces gros bolides. Pendant de nombreuses années, jusqu'à l'arrivée de l'aérodynamique scientifique et de la soufflerie, le jeu de composition des corps de voiture, des calandres, des flancs, des capots, des pavillons, constitua le pain quotidien chez Pininfarina. L'aérodynamique achevait véritablement tout parce qu'elle dictait des formes radicales et parfois disgracieuses ou déséquilibrées. Pinin puis Sergio surent harmoniser les composants, pour une raison très simple. Parce que chez Pininfarina vivait une culture figurative solide, d'où on pouvait tirer de justes enseignements.

Si nous pensons à la *Femme qui nage sous*

o Brancusi, constatiamo che la tensione di volumi e dello spazio che li circonda affascina lo spettatore e gli comunica un messaggio forte e diretto. Certo, la Pininfarina ha l'immensa fortuna di operare su sculture che poi vengono moltiplicate e diffuse, e che alle spalle contano sul terreno solido delle misure obbligate degli organi meccanici. La forma segue la funzione. Ma il messaggio che una Ferrari trasmette allo spettatore è sempre stato, prima di tutto, formale, ed è un messaggio carico di significati estetici.

Vetture come la 250 Le Mans o la 365 Superamerica sono da considerare tra gli antenati delle attuali Ferrari, ma fu certamente la Dino Berlinetta del 1965, a segnare l'evoluzione stilistica che ci porta sino alla BB 512, alla 308 GTB, alla GTO, alla Mythos. Il trattamento di masse, volumi e superfici, di profili tesi e curvilinei, che contrassegnano una composizione complessa che richiede parecchio tempo per una lettura completa, sarebbe degno di un'analisi approfondita. La Pininfarina dichiara che l'interno dell'abitacolo è volutamente spartano, per uno spider a dodici cilindri di alte prestazioni. Io aggiungerò che la straordinaria ricchezza formale della carrozzeria rende del tutto *negligeable* un arricchimento dell'interno. Questa automobile-scultura, questa *rolling sculpture,* va bene così com'è: con un solo leggero accenno, più grafico che volumetrico, di strumentazione e di sedili.

La Mythos segna l'apice di un linguaggio visivo perché ne condensa una storia lunga e carica di significati formali. È perfetta, nel senso della non migliorabilità, perché ogni suo gioco visivo s'intreccia con gli altri in un viluppo inestricabile di punti di vista, e perché segna, oggi 1989, il raggiungimento di una sintesi perfetta. Persino il marchio della Ferrari, un cavallino rampante d'argento, sembra un'aggiunta inutile (all'inizio del suo posto c'era un semplice cavallino nero verniciato).

In un momento di rivalutazione di modi linguistici dell'espressionismo nel design delle supercar, la Mythos, ancora una volta, ci insegna che l'evoluzione delle forme, negli episodi più alti, è frutto di una cultura figurativa radicata e storicizzata, pur nel contesto di un'evoluzione senza soste.

turb Arp or Brancusi, we can observe that the tension of volumes and space that surrounds them fascinates the spectator and communicates a strong, direct message to him. Of course, Pininfarina has had the enormously good fortune of operating on sculptures that go on to be multiplied and diffused and that have a solid footing beneath them: the mandatory dimensions of the mechanical components. Form follows function. But the message that a Ferrari transmits to the spectator has always been primarily formal, and it is a message pregnant with esthetic significance.

Cars like the 250 Le Mans or the 365 Superamerica should be considered among the forerunners of today's Ferraris, but it was certainly the 1965 Dino Berlinetta that blazed the stylistic trail that led to the BB 512, the 308 GTB, the GTO, the Mythos. The treatment of masses, volumes and surfaces, of tight, curvaceous profiles distinguishes a complex composition that cannot be immediately interpreted but is worthy of an in-depth analysis. Pininfarina declares that the interior of the cockpit is purposely austere, for a high-performance 12-cylinder spyder. I would add that the extraordinary formal richness of the bodywork makes enrichment of the interior totally irrelevant. This rolling sculpture is fine the way it is; with only a slight hint of instrumentation and seating, more graphic than volumetric.

The Mythos marks the culmination of this visual language, because it condenses the long history of it filled with formal significance. It is perfect, in the sense that it is not improvable, because each of its visual facets intertwines with the others in an inextricable meshing of viewpoints, and because it marks, here in 1989, the achievement of perfect synthesis. Even the Ferrari trademark, a silver prancing horse, seems a useless add-on (initially there was a simple, painted black horse in its place).

In a period when the linguistic modes of expression in supercar design are being reassessed, the Mythos once again teaches us that the evolution of forms, in its highest expression, is the result of a deep-rooted, historical figurative culture, set in a context of relentless evolution.

l'eau d'Arturo Martini (1941), sans vouloir aller jusqu'à gêner Arp ou Brancusi, nous constatons que la tension de volumes et de l'espace qui les entoure fascine le spectateur et lui communique un message fort et direct. Certes, Pininfarina a l'immense chance d'œuvrer sur des sculptures qui sont ensuite multipliées et diffusées, et que derrière, elles comptent sur le terrain solide des mesures obligées des organes mécaniques. La forme suit la fonction. Mais le message qu'une Ferrari transmet au spectateur a toujours été, avant tout, formel, est c'est un message chargé de signifiés esthétiques.

Des voitures comme la 250 Le Mans ou la 365 Superamerica sont à mettre au nombre des ancêtres des Ferrari actuelles, mais ce fut certainement la Dino Berlinetta de 1965 qui marqua l'évolution stylistique qui nous amène jusqu'à la BB 512, à la 308 GTB, à la GTO, à la Mythos. Le traitement des masses, des volumes et des surfaces, des profiles tendus et curvilignes, qui distinguent une composition complexe qui demande quelque temps pour la lire toute, mériterait une analyse approfondie. Pininfarina déclare que l'intérieur de l'habitacle est volontairement spartiate, pour un spider à douze cylindres aux performances élevées. J'ajouterai que l'extraordinaire richesse formelle de la carrosserie rend tout à fait négligeable un enrichissement de l'intérieur. Cette automobile-sculpture, cette rolling sculpture, est bien comme elle est. La Mythos marque le sommet d'un langage visuel parce qu'elle en condense une histoire longue et chargée de signifiés formels. Elle est parfaite, au sens qu'elle ne peut être améliorée, parce que chacun de ses jeux visuels se joint avec d'autres en un développement inextricable de points de vue, et parce qu'elle marque, aujourd'hui en 1989, l'accomplissement d'une synthèse parfaite. Jusqu'au logo Ferrari, un petit cheval d'argent, qui semble un ajout inutile (au début à sa place il y avait un simple petit cheval peint en noir).

Dans un moment de réévaluation de moyens linguistiques de l'expressionnisme dans le design des supercars, la Mythos, une fois encore, nous montre que l'évolution des formes, au plus haut niveau, est le fruit d'une culture figurative enracinée et marquée par l'histoire, tout en participant d'une évolution ininterrompue.

La ricerca stilistica
Styling research
La recherche stylistique

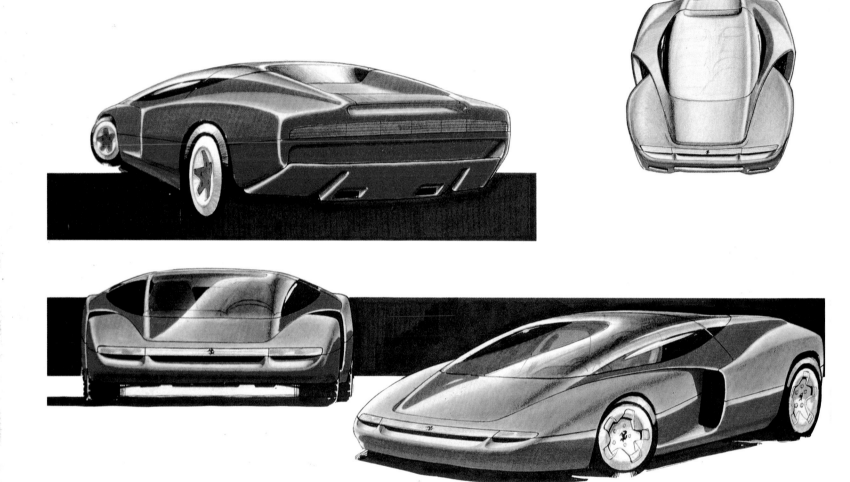

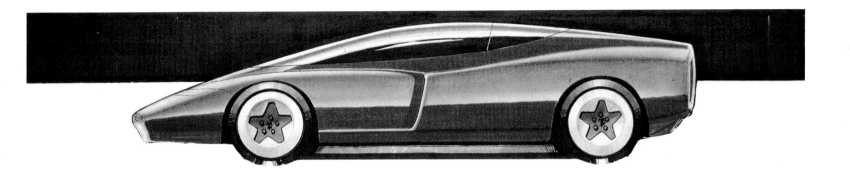

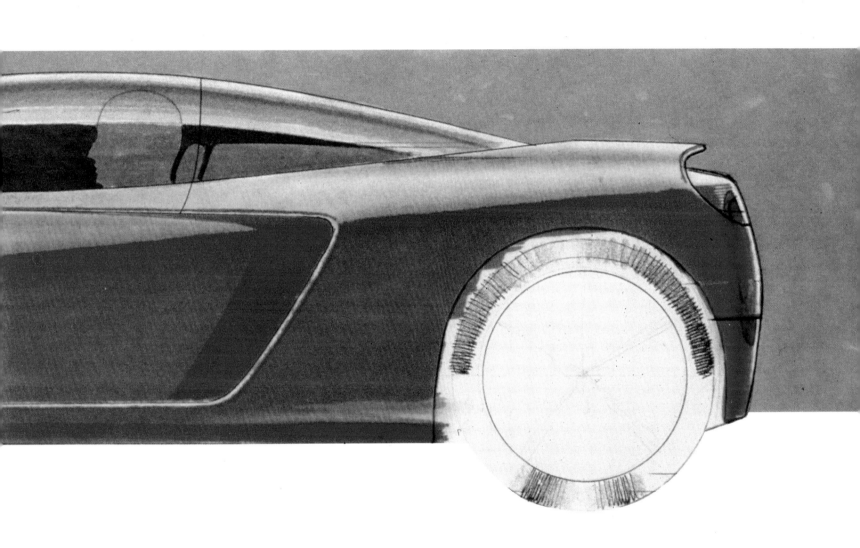

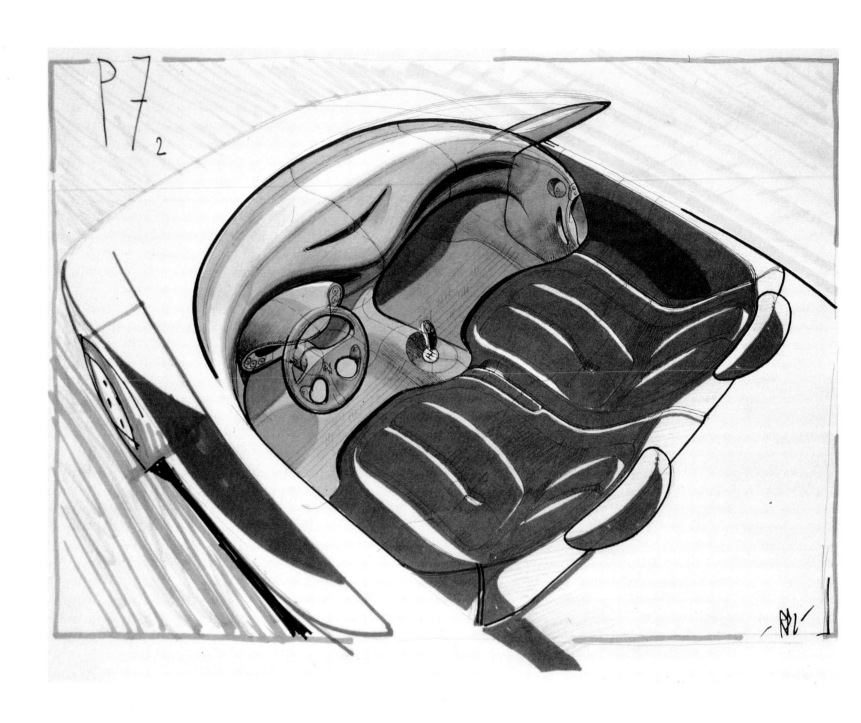

P7₂

20

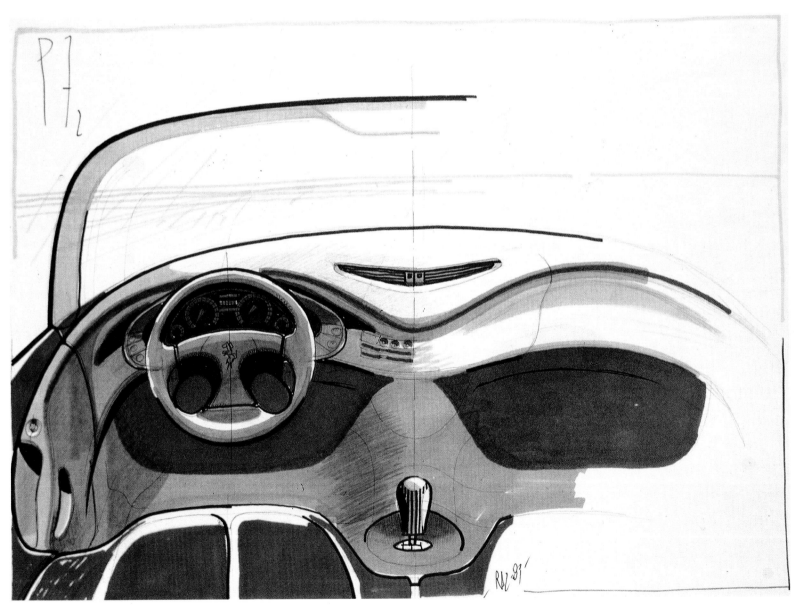

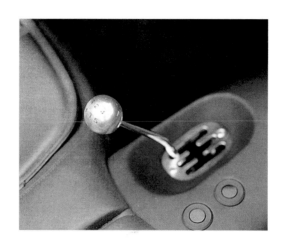

La forma e la tecnica

Il design esterno

Con la Mythos la Pininfarina ha voluto superare le vetture disegnate per facciate raccordate, spingendosi a fondo sul tema dei rapporti tra i volumi.

In una moderna vettura ad alte prestazioni il posizionamento posteriore dei radiatori è ormai un'impostazione acquisita poiché consente di migliorare decisamente abitabilità e comfort.

L'impiego di una meccanica Ferrari non solo offre il massimo della raffinatezza tecnica ma rappresenta anche un tema particolarmente stimolante per la ricerca di nuove soluzioni estetico-formali: nel caso particolare partendo dalla meccanica della Testarossa si volevano evolvere e radicalizzare i temi di design legati all'arretramento dei radiatori che impongono una carreggiata posteriore decisamente più larga di quella anteriore.

L'immagine che ne risulta è quella di due volumi che si intersecano, con l'abitacolo che fuoriesce da una coda decisamente più larga. Nella Testarossa la composizione di due masse attraverso un innesto longitudinale era stata volutamente minimizzata otticamente dalle grigliature laterali che armonizzano l'insieme. Con la Mythos questo tema viene invece estremizzato.

Dal punto di vista dimensionale, la Mythos mantiene immutato il passo della Testarossa (2.550 mm) pur risultando più compatto: 4.305 mm di lunghezza (180 mm in meno) ottenuti principalmente accorciando lo sbalzo posteriore (ridotto a 637 mm). Si radicalizza la vista in pianta: nella Testarossa, la forte differenza tra le carreggiate (140 mm) genera una forma a delta; la Mythos amplifica questa differenza portandola a 210 mm e si caratterizza per una larghezza massima generosa, 2.110 mm (135 mm

The formal and the technical

The exterior design

With the Mythos, Pininfarina has tried to break away from the traditional car — designed in linked panels — developing the theme of the relationship between volumes.

A rear radiator on a top performance car has become a widely used technical feature, because interior space and comfort are improved.

The use of Ferrari mechanicals does not just offer top technical refinement but also represents a particularly stimulating theme in the search for new aesthetic and formal ideas: in the case in point, starting from Testarossa mechanicals, this prototype was to develop and radicalise the design problems which arise when engine and radiators are mounted at the rear as it calls for a rear track which is much wider than the front track.

The resulting effect here is two intersecting volumes, while the body of the car emerges from a much wider tail. On the Testarossa the composition of the two masses by a longitudinal insert was deliberately minimised optically by the lateral grilles which harmonise the whole, but on the contrary it is emphasized on the Mythos.

As far as the dimensions are concerned, the Mythos retains the 2550 mm wheelbase of the Testarossa although it is slightly more compact; 4305 mm long (180 mm less than the Testarossa), mainly because the rear overhang was shortened to 637 mm. The plan view is radically different. The considerable difference (140 mm) between the two tracks gave the Testarossa a delta-shaped form. The Mythos further increases this difference to 210 mm, giving the car a generous maximum width of

La forme et la technique

Le design extérieur

Avec la Mythos, Pininfarina a voulu aller au-delà des voitures dessinées par façades raccordées et se lancer à fond sur le thème des rapports entre les volumes.

Dans une voiture moderne très performante, l'emplacement arrière des radiateurs représente désormais une formulation acquise car il permet d'améliorer nettement l'habitabilité et le confort. Le recours à la mécanique Ferrari non seulement offre le maximun du raffinement technique mais représente aussi un thème particulièrement stimulant pour la recherche de nouvelles solutions esthético-formelles: dans ce cas précis, partant de la mécanique de la Testarossa, Pininfarina entendait développer et radicaliser les thèmes de design liés à l'emplacement à l'arrière des radiateurs qui imposent une voie arrière plus large que la voie avant.

L'image qui en résulte est celle de deux volumes qui s'intercoupent avec l'habitacle qui sort d'une partie arrière nettement plus large. Dans la Testarossa, la composition des deux masses à l'aide d'un jointement longitudinal avait été délibérément minimisée du point de vue optique par les grilles latérales harmonisant l'ensemble. Avec la Mythos ce thème est poussé à l'extrême.

Du point de vue dimensionnel, la Mythos garde inchangé l'empattement de la Testarossa (2550 mm) tout en résultant plus compact: 4305 mm de longueur (180 mm en moins) obtenus principalement en raccourcissant le porte-à-faux arrière (réduit à 637 mm). La vue en plan change radicalement dans la Testarossa, la forte différence entre les voies (140 mm) engendre une forme en delta, la Mythos accentue cette différence la portant à 210 mm et se caractérise par une largeur maximale généreuse,

in più). Il contrasto tra le masse di anteriore e posteriore diventa quindi la linea guida del design. Il corpo principale della vettura, che contiene il motore e i radiatori, genera dal suo interno un prolungamento, l'affusolato insieme abitacolo-muso. I designers hanno lavorato lungamente per riuscire a controllare, a dominare il contrasto ottico e le proporzioni di due volumi così diversi: si è voluto ottenere un passaggio da un corpo all'altro estremamente fluido e non forzato, in modo che la vettura, pur composta di due elementi fortemente distinti, risulti comunque una forma omogenea nella sua accentuata muscolarità.

Il tema di ricerca della Mythos è stato sviluppato in diverse configurazioni: coupé, targa e speedster. È stato privilegiato quest'ultimo proprio per il riferimento alle vetture da corsa, così non è stato previsto un cupolotto per la protezione degli occupanti né il montaggio dei cristalli laterali: lo spirito della Mythos vuole tornare al fascino della "barchetta" biposto. È quindi molto compatta, decisamente sportiva ed estremamente spartana.

La vista in fianco è dominata dalla composizione di piani che deriva dall'arretramento dei radiatori. Il baffo inferiore del paraurti anteriore (che avanza di 30 mm con funzione di correttivo aerodinamico) viene ripreso in fiancata — all'altezza del longherone — da un rigonfiamento che corre per tutta la lunghezza della vettura delimitandone gli ingombri massimi. A partire dall'arco passaruota anteriore, il piano generato dall'unione di parafango e porta si incassa verso la coda aprendo una grande presa d'aria, delimitata esternamente — in prossimità del passaruota — dal parafango posteriore che si apre raccordandosi alla sezione massima della vettura.

La vista in fianco è quindi estremamente complessa, ricca di un'armonia formale che caratterizza fortemente la Mythos, il cui lato aggressivo è sottolineato da dettagli come il bordo esterno della presa d'aria, qui molto più inclinato che nella Testarossa, e l'arco passaruota anteriore che — seppur esattamente a filo in pianta — è leggermente rialzato in sezione, ricollegandosi a una "cifra" di molte Ferrari Pininfarina. L'integrazione dei vari piani che compongono il fianco è così armonica da rendere quasi impercettibile la presenza della grande ala posteriore con funzione di spoiler, perfettamente integrata in una coda

2100 mm, 135 mm more than the Testarossa.

The contrast between the front and rear masses thus became the design guideline. The main body of the car, which contains the engine and radiators, generates an extension from within, containing the passenger compartment and hose unit. The designers deeply worked in order to control and dominate the optical contrast and the proportions of two volumes that are so different. The transit from one body to the other had to be extremely fluid and not forced, so that the car would appear as a homogeneous form with its accentuated muscolarity, in spite of being made up of two quite distinct elements.

The Mythos was developed in three different configurations: coupé, targa and speedster. The latter was singled out because of the link with racing cars; and in fact neither a hard roof for passenger protection, nor side windows were envisaged. The Mythos was intended as a return to the fascination fo the two-seater "barchetta". It is therefore very compact, decidedly sporty and extremely spartan.

The side view is dominated by the layered construction, made necessary by the rear radiator. The lower lip of the front bumper (slid 30 mm forward for better aerodynamics) was echoed on the sides, on a level with the sill, by a slight bulge along the whole length of the car, to outline the overall dimensions. From the front wheelarch, the level created by the union of the bumper and the door is recessed towards the tail, forming a large air intake which is framed on the outside, near the rear wheelarch, by the rear bumper which opens up, connecting with the maximum section of the car.

The side view shows an extremely complex form, with a formal harmony that distinguishes the Mythos, whose aggressive character is underlined by details such as the outer edge of the air intake, more steeply inclined than the one on the Testarossa, and the front wheelarch, perfectly in line on the plan view, but clearly slightly raised on the cross-section, a typical feature of many Pininfarina-designed Ferraris. The various planes making up the side combine so well that the large rear wing passes almost unseen, perfectly integrated in the tail which becomes higher and heavier the more it extends.

2110 mm (135 en plus).

Le contraste entre les masses de l'avant et de l'arrière devient ainsi la ligne directrice du design. Le corps principal de la voiture engendre de l'intérieur un prolongement, l'ensemble fuselé habitacle-partie avant. Les designers ont longuement travaillé pour réussir à maîtriser le contraste optique et les proportions des deux volumes aussi différents: ils ont voulu obtenir un passage d'un corps à l'autre extrêmement fluide, de manière que la voiture, tout en étant composée de deux éléments fortement distincts, se revèle comme une forme homogène dans sa structure musclée accentuée.

Ce thème de recherche de la Mythos a été développé dans différentes configurations: coupé, "targa" et speedster. C'est ce dernier qui a été privilégié, précisément à cause de la référence aux voitures de course, ainsi ni coupole pour la protection des occupants ni montage des glaces latérales ne sont prévus: l'esprit de la Mythos veut revenir au charme de la "barchetta" biplace. Elle est donc très compacte, nettement sportive et extrêmement spartiate.

La vue de côté est dominée par la composition de plans, qui découle de l'emplacement arrière des radiateurs. La bavette inférieure du pare-chocs avant (qui avance de 30 mm et joue un rôle de correction aérodynamique) est reprise sur le côté - à la hauteur du brancard — par un renflement qui court sur toute la longueur de la voiture et en délimite les encombrements maxima. A partir de l'arc du passage des roues avant, le plan engendré par l'union de l'aile et de la porte s'encaisse vers la partie arrière et ouvre une grande prise d'air, délimitée extérieurement — à proximité du passage des roues — par l'aile arrière qui s'ouvre en se raccordant à la section maximale de la voiture.

Par conséquent, la vue de côté est extrêmement complexe, présentant une grande harmonie formelle qui caractérise fortement la Mythos; son aspect agressif est souligné par des détails tels que le bord extérieur de la prise d'air, bien plus incliné ici que dans la Testarossa, et par l'arc du passage des roues avant qui — bien qu'exactement au ras dans la projection horizontale — est légèrement relevé en coupe, se rattachant ainsi à un "chiffre" de nombreuses Ferrari Pininfarina.

L'intégration des différents plans compo-

che si allunga diventando progressivamente più alta e massiccia.

La prima immagine che colpisce guardando il muso della Mythos è l'aggressività: il piccolo parabrezza che si staglia su un corpo vettura decisamente più largo richiama il feeling delle vetture da competizione del Gruppo C. Le due grandi prese d'aria posteriori, per la forte differenza di carreggiate, emergono prepotentemente anche nella vista frontale. Annullato otticamente il tergicristallo, nascosto da un prolungamento della superficie vetrata del parabrezza che si solleva quando lo si aziona.

Nel posteriore, al di sopra della sezione continua del paraurti, si apre una feritoia per la ventilazione del vano motore, da cui fuoriescono anche le due coppie di terminali di scarico a sezione rettangolare. Nella parte superiore la fascia della fanaleria corre da fianco a fianco, sovrastata dall'ala-spoiler che ai lati si raccorda in continuo con le fiancate, mentre al centro poggia su un sostegno telescopico che — in funzione della velocità — la alza di 300 millimetri in modo da accentuare l'effetto deportante e farla lavorare in una zona di flusso non disturbato.

La vista da tre quarti anteriore fa emergere tutto il tema dei raccordi tra piani e andamenti diversi che offre una sensazione di elaborata continuità.

Da quella di tre quarti posteriore spiccano le discontinuità e si percepisce perfettamente il concetto di abitacolo generato all'interno di una coda più possente.

Il ridottissimo sbalzo posteriore e il disegno abbastanza squadrato della coda — un colpo netto di matita — ricordano di nuovo le forme delle vetture di Gruppo C.

Nella vista dall'alto emerge — e non è casuale — un legame con le più recenti Ferrari di Formula 1, la 639 e la 640, che in pianta evidenziano una sezione a doppia S, richiamando la sinuosità di uno strumento musicale quale il violino. Basta infatti immaginare la Mythos con le ruote anteriori "a vista" per leggere questo prototipo come un'estensione biposto di queste Formula 1.

La scomposizione della scocca della Mythos prevede un grande cofano anteriore incernierato sul muso come nelle vetture sport, un cofano motore di dimensioni ridotte che si solleva verso l'anteriore e due porte ad apertura tradizionale.

Concludendo l'analisi formale della Mythos, va sottolineato come pur in presenza

The first thing that strikes one about the nose of the Mythos is its aggressiveness: the small windscreen which stands out in a much broader body is reminiscent of certain contemporary Group C racing cars. The two large rear air vents emerge strongly even in the front view, because of the much wider rear track. The windscreen wiper is hidden by an extension of the windscreen glass which is lifted up when operative.

At the rear, above the continuous rear bumper section, there is a slit for engine ventilation, from which emerge a pair of double exhaust pipes. Higher up, the section of the light cluster band goes from side to side, and above that the wing-spoiler which is the continuation of the side surfaces. It rests on a central telescopic support which can raise it 300 mm, according to the speed, to accentuate the down lift effect, positioning it in an area where the air flow is not disturbed.

The three-quarters front view underlines the connection between the planes and different movements which give a sensation of elaborate continuity.

From the three-quarters rear view the lack of continuity is very marked, while the spectator is immediately aware of the fact that the passenger compartment is created within the more bulky tail. The minimum rear overhang and the square line of the tail — a single pencil stroke — once again recall the forms of Group C cars.

The overhead view reveals the deliberate link with the more recent Formula 1 Ferraris, the 639 and 640, which in plan show a double "S" section recalling the sinuous lines of a musical instrument such as the violin. One only has to imagine the Mythos with its front wheels "visible" to see this car as a two-seater extension of these Formula One cars.

The design of the Mythos bodyshell includes a large bonnet hinged at the front like a racing car, a smaller engine hood which rises towards the front, and two doors opening conventionally.

To conclude the formal analysis of the Mythos, we should underline that even in the presence of a strong urge in the research world for a return to ornamentation, and decorative but pointless detail, Pininfarina has preferred to maintain its own aesthetic tradition of a search for the essential and for innovation.

sant le côté est si harmonieuse qu'elle rend presque imperceptible la présence de la grande aile arrière au rôle de becquet, parfaitement intégrée dans une partie arrière s'allongeant et devenant progressivement plus haute et plus massive.

La première image qui frappe en regardant la partie avant de la Mythos est son agressivité: le petit pare-brise qui se détache sur un corps de voiture nettement plus large, rappelle le feeling des voitures de compétition du Groupe C. A cause de la forte différence des voies, les deux grandes prises d'air arrière émergent impérieusement même dans la vue de face. Optiquement, l'essuie-glace, est annulé, car il est caché par un prolongement de la surface du pare-brise, qui se soulève en l'actionnant.

Dans la partie arrière, au-dessus de la section continue du pare-chocs, s'ouvre une fente pour la ventilation du compartiment moteur d'où sortent aussi les deux paires de doubles portions terminales d'échappement d'une section rectangulaire. Dans la partie supérieure, la bande des feux court d'un flanc à l'autre, dominée par l'aile qui sur les côtés se raccorde de manière continue avec les flancs, alors qu'au centre elle s'appuie sur un support télescopique qui — en fonction de la vitesse — la lève de 300 mm de façon à en accentuer l'effet déportant et la faire travailler dans une zone de flux non troublé.

La vue de trois quarts avant fait ressortir l'ensemble du thème des raccords entre plans et allures différentes et offre une sensation de continuité élaborée.

Vu de trois quarts arrière, ce sont les discontinuités qui ressortent et on perçoit parfaitement le concept d'habitacle engendré à l'intérieur d'une partie arrière plus puissante. Le porte-à-faux arrière très réduit et le dessin assez carré de la partie arrière — un trait de crayon net — rappellent de nouveau les formes des voitures du Groupe C.

La vue du haut fait voir — et cela n'est pas fortuit — un lien avec les Ferrari les plus récentes de Formule 1, la 639 et la 640, qui en plan mettent en évidence une coupe à double S, tout en rappelant la sinuosité d'un instrument musical tel que le violon. Il suffit d'imaginer la Mythos avec les roues avant "à vue" pour la lire comme une extension biplace de cette Formule 1.

La décomposition de la coque de la Mythos prévoit un grand capot avant monté à di una forte corrente di ricerca che spinge per il ritorno alla decorazione, al dettaglio lezioso ma inutile, la Pininfarina abbia voluto rimanere fedele alla propria tradizione estetica, quella della ricerca dell'essenzialità e dell'innovazione.

In un prototipo è insita una componente di forzatura, di provocazione: la Pininfarina ha voluto "trasgredire" con un lavoro minuzioso nella forzatura dei singoli volumi e della volumetria globale, invece di rompere con l'attuale attraverso l'aggiunta di motivi decorativi.

Elementi funzionali come paraurti, fanaleria e spoiler sono stati volutamente integrati nella forma globale e privati di un possibile ruolo decorativo: nella Mythos non c'è spazio per il grafismo superficiale poiché è la stessa scolpitura dei volumi a creare un forte segno distintivo.

Due appendici aerodinamiche regolabili in funzione della velocità

Al costante aumento prestazionale delle vetture sportive non ha fatto riscontro un adeguato sviluppo di appendici aerodinamiche che siano in grado di mantenere ampi margini di sicurezza attiva alle alte velocità. La possibilità di variare in modo omogeneo le condizioni di deportanza al variare della velocità non è infatti ancora disponibile per le vetture di serie. In alcuni casi si riscontrano solo dei correttivi aerodinamici o sull'anteriore o sul posteriore, che si dimostrano efficaci in un ristretto raggio di utilizzo e, essendo limitati a un solo assale, comportano dei riflessi negativi sul bilanciamento globale della vettura.

Con la Mythos la Pininfarina ha voluto affrontare questo tema con un approccio complessivo: due appendici, una anteriore e una posteriore, il cui effetto combinato consente di aumentare la stabilità della vettura in modo omogeneo.

Anteriormente, alla base del paraurti, una bavetta orizzontale retrattile fuoriesce di 30 mm incrementando l'effetto deportante dello spoiler anteriore. Posteriormente l'ala si solleva di 300 mm e contemporaneamente ruota di 12° portandosi in posizione di lavoro, esercitando un carico di 150 kg alla velocità di 250 kmh. L'effetto combinato delle due appendici aerodinamiche riduce globalmente la portanza anteriore e posteriore del 50% bilanciandone gli effetti.

Entrambi i correttivi sono azionati elettri-

There is always a provocative, experimental element in a prototype; Pininfarina chose to break away, with painstaking effort in the underlining of the individual and the overall volumes, instead of breaking with present trends by the addition of decorative gimmicks.

Functional elements such as bumpers, headlamps and spoilers were deliberately integrated in the overall form, without any possible decorative role. The Mythos has no space for surface graphics because the shape of the volumes themselves creates a strong, distinctive sign.

Two aerodynamic integrated devices adjustable to speed

While the performance of racing cars has improved constantly, aerodynamic devices to ensure ample safety margins at high speeds have not been sufficiently developed. In fact the possibility of varying down lift reactions homogeneously, according to the increase in speed, has not yet been extended to standard production cars. Some only mount aerodynamic correction on the front or on the rear, but this

has a very limited range of efficiency, as it only acts on one axle, and in fact has a negative effect on the balance of the car.

Pininfarina chose to tackle the problem in the Mythos with an all-round approach: two balancing devices, one at the front and one at the rear, whose combined effect increases the stability of the car uniformity.

At the front, at the bottom of the bumper, a retractable lip sticks out 30 mm to increase the down lift reaction of the dam. At the rear the wing can be raised 300 mm, and turned 12° into the working position, producing a load of 150 kg at a speed of 250 km/h. The combined effect of the two

charnières sur la partie avant comme sur les voitures de sport, un capot moteur aux dimensions réduites, qui se soulève vers l'avant et deux portes à ouverture traditionnelle.

Pour conclure l'analyse formelle de la Mythos, il faut souligner que, bien que nous nous trouvions en présence d'un fort courant de recherche qui pousse vers le retour à l'ornement, au détail précieux mais inutile, Pininfarina a voulu rester fidèle à sa tradition esthétique, celle de la recherche de l'essentiel et de l'innovation.

Un prototype comporte une composante d'exagération, de provocation: Pininfarina a voulu "transgresser" en exagérant les différents volumes et la volumétrie globale, au lieu de rompre avec l'actuel en ajoutant des motifs décoratifs.

Des éléments fonctionnels tels que pare-chocs, feux et becquet ont été délibérément intégrés dans la forme globale et dépourvus d'un rôle décoratif possible: dans la Mythos, il n'y a pas de place pour le graphisme superficiel, car c'est la sculpture des volumes, elle-même, qui crée un fort signe distinctif.

Deux appendices aérodynamiques réglables en fonction de la vitesse

A l'augmentation constante des performances des voitures sportives n'a pas correspondu un développement approprié d'appendices aérodynamiques à même de conserver d'amples marges de sécurité active aux grandes vitesses. La possibilité de modifier, de manière homogène, les conditions de déportance en fonction de la vitesse n'est pas encore disponibile pour les voitures de série. Dans certains cas, en effet, on observe des corrections dynamiques ou sur l'avant ou sur l'arrière, qui, se limitant à un seul essieu, comportent des répercussions négatives sur l'équilibrage de la voiture.

Avec la Mythos, Pininfarina a voulu affronter ce problème par une approche d'ensemble: deux surfaces de contrôle, la première à l'avant et l'autre à l'arrière, dont l'effet combiné permet d'augmenter la stabilité de manière homogène.

A l'avant, à la base du pare-chocs, une lame rétractile sort de 30 mm pour augmenter l'effet déportant de la bavette avant. A l'arrière, l'aile se lève de 300 mm et, en même temps, tourne de 12° en occupant sa position de travail et exerçant une

camente ed entrano in funzione quando la vettura supera i 100 kmh. Per non ostacolare le manovre di parcheggio e per agevolare la marcia sui terreni sconnessi, il baffo anteriore e l'ala posteriore tornano in posizione di riposo al di sotto dei 70 km l'ora.

Il design interno
Il design interno della Mythos riprende lo spirito delle vetture da corsa sport-prototipo degli anni '60: due piccoli sedili avvolgenti, una strumentazione semplificata e dei rivestimenti porta essenziali.
Lo sguscio dei volumi dell'abitacolo è stato studiato in modo da fondersi naturalmente

aerodynamic devices reduces the front and rear lift by 50%, balancing the results.
Both devices are operated electrically and come into operation when the car exceeds 100 km/h. So as not to hinder parking operations and to assist driving on uneven roads, the front lip and rear wing return to rest position below 70 km/h.

The interior design
The interior design of the Mythos recaptures the spirit of the racing "Barchettas" of the 1960s; two small wraparound seats, a simplified dashboard and down-to-earth door panels.

charge de 150 kg à la vitesse de 250 km/h. L'effet combiné des deux appendices aérodynamiques réduit globalement la portance avant et arrière de 50%, en en compensant les effets.
Ces corrections sont actionnées, toutes deux, électriquement et entrent en service lorsque la voiture dépasse 100 km/h. La bavette avant et l'aile arrière reviennent en position de repos en-dessous de 70 km/h.

Le design intérieur
Le design intérieur de la Mythos reprend l'esprit des voitures de course sport-prototype des années 60: deux petits sièges en-

con le superfici esterne, non solo a livello di volumi ma anche con una continuità cromatica: è infatti rivestito in pelle dello stesso rosso della carrozzeria.

L'impostazione formale dell'interno è dominata dalle simmetrie: il movimento della plancia è ripreso in parallelo dalla base dei sedili, l'unica asimmetria è quella dovuta all'insieme pannello-strumenti-volante-pedaliera, realizzato in un unico blocco regolabile assialmente.

Nella strumentazione analogica spiccano i due grandi indicatori circolari di tachimetro e contagiri. Il tema di design di queste doppie circonferenze si ritrova anche nel volante, le cui tre razze sono conformate in modo da offrire una perfetta visibilità degli strumenti e ripetere — nella parte inferiore — il doppio movimento circolare. Tutti i comandi sono alloggiati in due satelliti — perfettamente simmetrici — ricavati ai lati del pannello strumenti. Solo il clacson è azionato direttamente dal volante tramite due appositi pulsanti ricavati all'interno della corona.

I pannelli porta, ridotti all'essenziale, si caratterizzano per la maniglia perfettamente integrata nella forma e — grazie all'eliminazione dei meccanismi alzacristalli — offrono un profondo sguscio che serve da appoggiabraccia.

Meccanica e struttura
La Mythos sfrutta la meccanica della Ferrari Testarossa: il dodici cilindri boxer di 4942 cc a quattro valvole per cilindro e doppi alberi a camme in testa, che eroga 390 Cv Din a 6.300 giri, è montato in posizione centrale e non ha subito alcuna modifica rispetto alla vettura di serie. L'unica variante riguarda l'impianto di scarico, totalmente rivisto poiché il ridotto sbalzo posteriore della Mythos non permetteva di alloggiare quello originale.

Il telaio tubolare in acciaio deriva direttamente dalla Testarossa ed è stato rinforzato per mantenere inalterate le caratteristiche di sicurezza attiva e passiva nonostante l'eliminazione del tetto e delle relative strutture.

Cofani, porte e tutta la pannelleria della carrozzeria sono realizzati in fibra di carbonio. Quadro strumenti, plancia, rivestimenti porta e sedili sono gusci rivestiti in pelle.

The shell of the car body was studied carefully so that it would blend naturally with the external surfaces, not only with the volumes but also with the chromatic continuity: in fact it is covered with leather that is the same red as the bodywork.

The formal lay-out of the interior is dominated by symmetries: the flow of the dash is repeated in parallel on the base of the seats; the only lack of symmetry is due to the instrument panel-steering wheel-pedals unit which is structured in a single block, and can be adjusted in depth.

The large circular speedometer and rev counter stand out amid the analog instruments. The design of these double circumferences is repeated in the steering wheel, whose three spokes are shaped in such as way to provide a perfect view of the instruments, and to repeart the double circular movement in the lower part. All controls are positioned on two perfectly symmetrical stalks at the sides of the instrument panel; only the horn button is activated from the steering wheel, by two buttons inside the wheel.

The door panels, which are kept to bare essentials, have a door handle which is perfectly integrated in the form, and the absence of window winding mechanisms makes room for a deep shell which acts as an armrest.

Mechanicals and structure
The Mythos is built on Ferrari Testarossa mechanicals. The twelve cylinder 4942 cc boxer engine with four valves per cylinder and double overhead cams, producing 390 bhp DIN at 6300 rpm, is centrally mounted and is exactly the same as on standard production Testarossas. The only difference regards the exhaust, which is completely new since the rear overhang of the Mythos is so short that the original exhaust would not fit.

The tubular steel frame is derived directly from the Testarossa, and has been reinforced to safeguard the active and passive safety features even though the roof and connected structures have been removed.

The bonnets, doors and all the panels of the bodywork are built entirely in carbon fibre. The instrument panel, facia, door panel and seats are shells covered in leather.

veloppants, une instrumentation simplifiée et des garnissages de porte essentiels.

La sculpture des volumes de l'habitacle a été étudiée de façon qu'elle se fond naturellement avec les surfaces extérieures, non seulement au niveau des volumes, mais aussi par une continuité chromatique: elle est revêtue en effet en cuir du même rouge que la carrosserie.

La disposition formelle de l'intérieur est dominée par les symétries: le mouvement de la planche de bord est repris parallèlement par la base des sièges. La seule asymétrie est celle qui est due à l'ensemble du tableau de bord-volant-pédalier.

L'instrumentation analogique fait ressortir les deux grands indicateurs ronds du tachymètre et du compte-tours. Le thème de design de ces doubles circonférences se retrouve aussi dans le volant, dont les trois branches ont une forme qui permet une parfaite visibilité des instruments et répète — dans sa partie inférieure — le double mouvement circulaire. Toutes les commandes sont logées sur deux satellites — parfaitement symétriques — aménagés aux côtés du tableau de bord. Seul l'avertisseur sonore est actionné directement par le volant à l'aide de deux poussoirs montés à l'intérieur de la couronne.

Les panneaux de porte, réduits à l'essentiel, se caractérisent par la poignée parfaitement incorporée dans la forme et — grâce à l'élimination des mécanismes de lève-glaces — ils offrent une moulure profonde qui sert d'accoudoir.

Mécanique et structure
La Mythos utilise la mécanique de la Ferrari Testarossa: le 12 cylindres boxer de 4942 cm³ à quatres soupapes par cylindre et doubles arbres à cames en tête qui développe 390 CV DIN à 6300 tours; monté en position centrale, il n'a subi aucune modification par rapport à la voiture de série. La seule variante concerne le système d'échappement, totalement retouché.

Le châssis tubulaire en acier dérive directement de la Testarossa et a été renforcé pour garder inchangées les caractéristiques de sécurité active et passive malgré l'élimination du toit et de ses structures.

Capots, portes et panneaux de la carrosserie sont réalisés en fibre de carbone. Combiné, planche de bord, garnissages des portes et des sièges, représentent des coquilles revêtues de cuir.

Dimensioni e pesi
Lunghezza: 4.305 mm (4.335 con baffo
    anteriore)
Larghezza: 2.110 mm
Altezza: 1.065 mm
Passo: 2.550 mm
Carregg. Ant.: 1.518 mm
Carregg. Post.: 1.728 mm
Sbalzo Ant.: 1.118 mm
Sbalzo Post.: 637 mm
Peso: 1.250 kg
Pneumatici a.: Pirelli PZero 245/40 ZR 17
Pneumatici p.: Pirelli PZero 335/25 ZR 17

Dimensions and weights
Length: 4,305 mm (4,335 with front lip)
Width: 2,110 mm
Height: 1,065 mm
Wheelbase: 2,550 mm
Front track: 1,518 mm
Rear track: 1,728 mm
Front overhang: 1,118 mm
Rear overhang: 637 mm
Weight: 1,250 kg
Front tyres: Pirelli PZero 245/40 ZR 17
Rear tyres: Pirelli PZero 335/25 ZR 17

Dimensions et poids
Longueur: 4.305 mm (4.335 avec
    bavette avant)
Largeur: 2.110 mm
Hauteur: 1.065 mm
Empattement: 2.550 mm
Voie avant: 1.518 mm
Voie arrière: 1.728 mm
Porte-à-faux AV: 1.118 mm
Porte-à-faux AR: 637 mm
Poids: 1.250 kg
Pneus AV: Pirelli PZero 245/40 ZR 17
Pneus AR: Pirelli PZero 335/25 ZR 17

MYTHOS

Giorgio Bellia
Portfolio

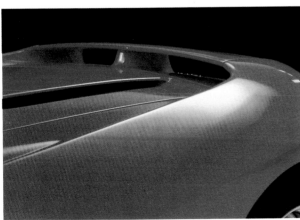

MYTHOS

Antonia Mulas
Portfolio

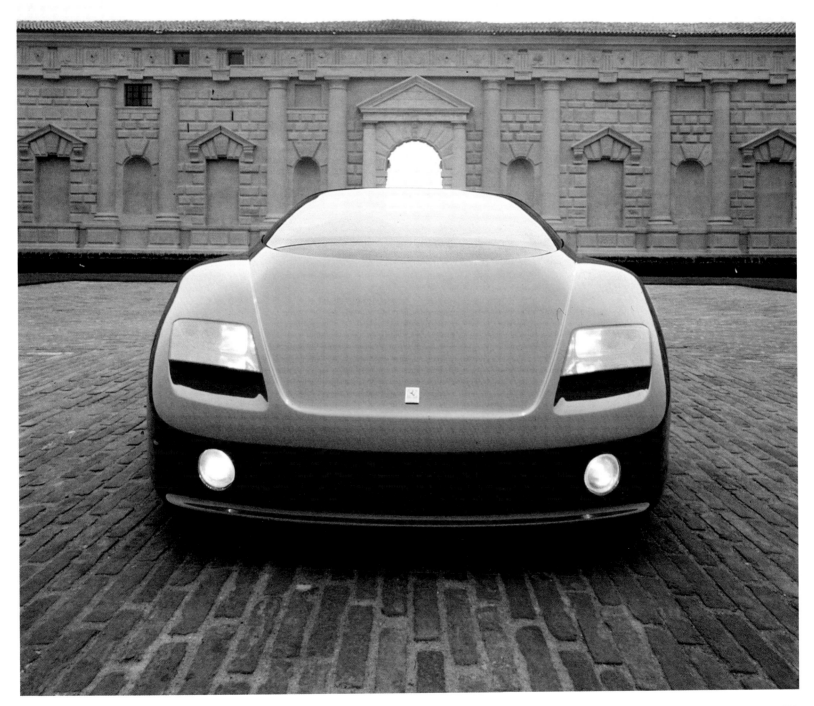